Anna und Leon reisen in die Vergangenheit und in die Zukunft – Die Zeiten

„Nein, ich will mir nicht die Ohren waschen! Und den Hals auch nicht! Das ist Zeitverschwendung“, ruft Leon wütend aus der Badewanne. Seine Mutter verdreht die Augen und schweigt verärgert. „Die sind morgen sowieso wieder schmutzig!“, schimpft Leon. „Ich wandere aus! Ich gehe in ein Land, in dem man sich nicht so oft waschen muss.“ „Da musst du nicht in ein anderes Land, sondern ins Mittelalter reisen. Damals hielten viele Menschen Waschen für gefährlich“, antwortet die Mutter. Dann schrubbt sie Leon das Gesicht mit einem Waschlappen. Währenddessen versinkt Leon in seinen Gedanken. Mittelalter! Die Zeit der Ritter, Burgen und Pferde! Da hätte er leben sollen, das wäre schön gewesen!

1 Unterstreiche im Text die ersten fünf Verben (Tunwörter) und schreibe sie auf die Linien auf der nächsten Seite.
Setze sie dann in den Infinitiv (Grundform), in die Ich-Form im Präsens (Gegenwart) und in die Ich-Form im Präteritum (1. Vergangenheit).

Verben (Tunwörter) zeigen uns, in welcher Zeit ein Satz steht.

- Steht ein Wort im **Präsens** (Gegenwart), heißt das, dass etwas jetzt gerade oder immer wieder passiert.
  Beispiele:
  Die Mutter **freut** sich.
  Im Herbst **fallen** die Blätter von den Bäumen.
- Steht ein Wort im **Präteritum** (1. Vergangenheit), heißt das, dass etwas schon vorbei ist.
  Beispiel:
  Die Mutter **freute** sich.

Tipp!
Denke daran: Verben sagen uns, was jemand oder etwas **tut**.

1. will: wollen – ich will – ich wollte
2. ______
3. ______
4. ______
5. ______

Tipp!
Bei einigen Verben ändert sich der Wortstamm, wenn du sie ins Präteritum setzt, z. B. lasse – ließ.

2 Bis zum Abend hat Leon so viel über das Mittelalter nachgedacht, dass er nachts im Traum tatsächlich dorthin reist.
Neugierig schaut er sich um: Zwei Jungen spielen mit einem Holzreifen, den sie mit Stöckchen anschubsen, Bauern fahren mit einem Pferdewagen das Heu in die Scheune, mehrere Frauen waschen am Fluss die Wäsche, Schreiber schreiben Urkunden mit Tinte und Feder ab und bekommen dafür goldene Taler.
Wie anders alles aussieht als heute! Aufgeregt beobachtet Leon auch ein Ritterturnier und sieht einer Schankwirtin in einem Gasthaus zu.

Vergleiche früher und heute. Benutze wie im Beispiel das Präteritum (1. Vergangenheit). Unterstreiche die Verben (Tunwörter) blau.

Kinder spielen

Bauern fahren

Menschen waschen ihre Wäsche

sie schreiben

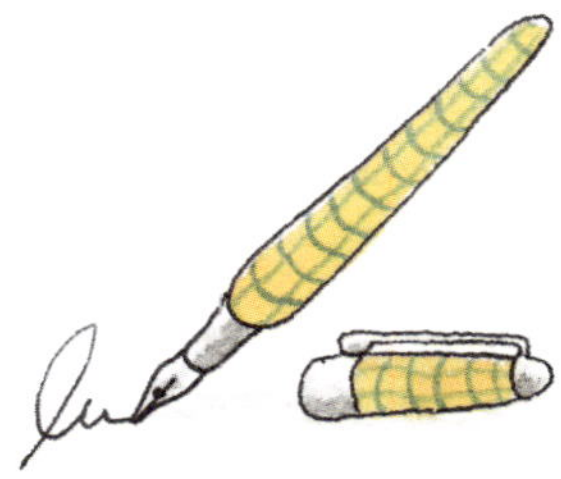

Früher spielten die Kinder mit Holzreifen, heute spielen sie mit dem Laptop.

3 Leon ist ganz begeistert von seinem Traum und erzählt Anna am nächsten Tag in der Schule davon. Unterstreiche in seiner Erzählung alle Verben (Tunwörter) im Perfekt (2. Vergangenheit) und ihre Hilfsverben rot.

- Wenn du ausdrücken möchtest, dass etwas gerade erst vorbei ist, verwendest du das **Perfekt** (2. Vergangenheit).
- Das Perfekt brauchst du auch, wenn du **mündlich** von einer Sache erzählst, die in der Vergangenheit liegt.
- Das Perfekt wird immer mit den **Hilfsverben** „haben“ oder „sein“ gebildet.

Beispiele:
Leon **hat** gerade von Rittern **erzählt**. (Hilfsverb „haben“)
Im Traum **ist** er ins Mittelalter **gereist**. (Hilfsverb „sein“)

Tipp!
Das Hilfsverb „sein“ wird benutzt, wenn man Verben der Bewegung ins Perfekt setzen will, also z. B. laufen oder gehen.

„Zuerst bin ich auf einem Marktplatz gelandet. Dort habe ich viel gesehen, es ist alles anders als bei uns gewesen. Dann bin ich zu einer Burg gegangen. Dort habe ich bei einem Turnier zugesehen. Der König und die Prinzessin sind auch da gewesen. Zwei Ritter in schweren Rüstungen sind aufeinander zugaloppiert und haben versucht, sich gegenseitig vom

Pferd zu stoßen. Nachdem einer der Ritter am Boden gelegen hat, haben sie mit Pfeil und Bogen aus hundert Schritten Entfernung auf große Holzscheiben geschossen. Zwei Bogenschützen haben sogar ins Schwarze getroffen. Zum Schluss haben die Ritter noch mit ihren Schwertern gekämpft."

4 Auch Anna ist von der Geschichte begeistert und erzählt nach der Schule ihrer Mutter davon.
Schreibe ihre Sätze im Perfekt (2. Vergangenheit) auf.

Tipp!
Wenn du einen Satz ins Perfekt setzt, verändert sich die Position des Verbs.

Leon war auch in einem Gasthaus.

___

Die Männer und ihre Kleider stanken fürchterlich.

___

Sie putzten sich ihre Finger an der Tischdecke ab und sprachen mit vollem Mund.

___

___

Nach einem großen Schluck Bier rülpsten sie laut und den leeren Krug warfen sie später einfach um.

___

___

___

Leon ekelte sich so sehr, dass er beschloss, sich von nun an immer freiwillig zu waschen.

___

___

5 Nach dieser Erzählung aus der Vergangenheit muss Anna an die Zukunft denken.
Sie hat ganz genaue Vorstellungen, wie diese aussehen wird.
Unterstreiche in jedem Satz die zwei Verben (Tunwörter), die das Futur (Zukunft) bilden, grün.

Wenn du ausdrücken möchtest, dass etwas **noch passieren wird**, dann verwendest du das **Futur** (Zukunft).
Das Futur wird gebildet mit dem Hilfsverb „werden" in der richtigen Personalform und dem Infinitiv (Grundform) des Verbs, das etwas über die Zukunft aussagen soll.

Beispiel:
Die Mutter **wird** sich **freuen**.

„In der Zukunft wird es keine Autos mehr geben, denn die Erwachsenen werden alle mit kleinen Flugzeugen fliegen. Diese werden ganz umweltfreundlich sein. Die Schule wird es immer noch geben, aber die Kinder werden viel mehr Ferien haben als heute. Häuser werden nicht nur auf der Erde, sondern auch auf anderen Planeten stehen. Dort wird es aber nicht so schön sein wie hier bei uns zu Hause."

6 Unterstreiche alle Sätze, die etwas in der Zukunft ausdrücken.

Tipp!
Achtung: Das Futur (Zukunft) wird – im Gegensatz zum Perfekt – oft auch ohne Hilfsverb verwendet.

Gestern und heute hat es den ganzen Tag geregnet.

Morgen aber wird die Sonne scheinen.

Nächstes Wochenende geht Anna mit ihren Eltern in den Zoo und sieht sich die Tiere an.

Affen und Elefanten mag Anna am liebsten.

Ein Elefant hat vor einiger Zeit ein Junges bekommen.

In einigen Jahren wird auch das Elefantenbaby ein ausgewachsener Elefant sein.

7 Schreibe die Sätze in den angegebenen Zeiten auf.

Leon leiht sich in der Bibliothek ein Buch über das Mittelalter aus.

Präteritum (1. Vergangenheit):

Futur (Zukunft):

Darin wird er sicher mehr über die tapferen Ritter erfahren.

Präsens (Gegenwart):

Perfekt (2. Vergangenheit):

8 Vervollständige die Zeiten-Tabelle.

Präsens (Gegenwart)	Präteritum (1. Vergangenheit)	Perfekt (2. Vergangenheit)	Futur (Zukunft)
ich glaube			
	du ranntest		
		es hat gefressen	
			wir werden treffen
ihr zieht			
	sie rissen		
		ich habe vergessen	
			du wirst schwimmen

9 Manchmal weisen Signalwörter in einem Satz schon auf eine bestimmte Zeit hin. Sortiere die hier aufgeführten Signalwörter in die Tabelle ein.
Welche weiteren Signalwörter für die Gegenwart, die Vergangenheit und die Zukunft fallen dir ein? Schreibe sie in die letzte Zeile.

gestern – in einem Monat – nun – momentan – vor einer Woche – morgen – nächsten Freitag – letzten Dienstag – heute

Gegenwart	Vergangenheit	Zukunft

10 Ein Wort in jeder Zeile passt nicht zum Rest. Streiche es durch.

strich – lief – stand – spielt – weckte – brachte

entwickelt – leuchtet – klettert – kroch – donnert – löffelt

Anna und Leon in der Türkei – Steigerung von Adjektiven, zusammengesetzte Adjektive

In den Sommerferien fliegen Anna und ihre Familie zusammen mit Leon, seiner Mutter und Familie Sali, ihren türkischen Freunden, in die Türkei. Dort wohnen sie zusammen in einem alten Haus der Familie Sali in Fethiye direkt am Strand und machen zwei Wochen Ferien.
Familie Sali hat drei Kinder: Yasemin, die älteste Tochter, ist zwölf, Kian ist zehn, genau wie Anna und Leon, und die kleine Sibel ist fünf Jahre alt.
Den ganzen Tag spielen die Kinder zusammen am Strand und baden im warmen Meer. Am Abend, wenn es ein bisschen kühler wird, gehen die Familien gemeinsam essen. Anna und Leon staunen am ersten Abend über die türkischen Nachspeisen: Es gibt zum Beispiel kleine Kuchen mit Pistazien, die sind unglaublich süß. Sehr viel süßer als deutsche Kuchen.

11 Schreibe wie im Beispiel Sätze zu den Bildern.
Überlege dabei, welche Adjektive (Wiewörter) passen könnten, und steigere sie.

- Adjektive (Wiewörter) kann man steigern, sie haben verschiedene Vergleichsstufen. Es gibt die **Grundstufe**, die **Höherstufe** (1. Steigerungsstufe/Komparativ) und die **Höchststufe** (2. Steigerungsstufe/Superlativ).
  Beispiel:
  Grundstufe: Sibel ist **groß**.
  Höherstufe: Kian ist **größer**.
  Höchststufe: Yasemin ist **am größten**.
- Achtung: Manche Adjektive werden unregelmäßig gesteigert!
  Beispiele:
  gut – besser – am besten
  nah – näher – am nächsten
- Manche Adjektive lassen sich gar nicht steigern.
  Beispiele:
  egal, falsch, fertig, leer, schwanger

Tipp!
Denke daran: Adjektive sagen uns, **wie** etwas ist.

Das Auto ist schnell.

Der ICE ist

12 Am Strand haben die Kinder Urs aus der Schweiz kennengelernt. Urs wohnt mit seinen Eltern in Grindelwald, mitten in den Bergen. Die Kinder erzählen und vergleichen ihre Länder: die Schweiz, Deutschland und die Türkei.
Schreibe die Vergleiche der Kinder zu Ende. Setze dabei immer das passende Wort ein und steigere es.

heiß

Urs: „In der Schweiz ist es im Sommer *heiß*."
Anna: „In Deutschland ist es im Sommer *heißer*."
Kian: „In der Türkei ist es im Sommer *am heißesten*."

a scharf

Urs: „In der Schweiz ist das Essen ____________________."

Anna: „In Deutschland ist das Essen ____________________."

Kian: „In der Türkei ist das Essen ____________________."

b schön

Anna: „In Deutschland ist das Wetter ____________________."

Urs: „In der Schweiz ist das Wetter ____________________."

Kian: „In der Türkei ist das Wetter ____________________."

c viel

Urs: „Die Schweiz hat mit 8 Millionen Menschen ____________ Einwohner."

Kian: „Die Türkei hat mit 75 Millionen Menschen ____________ Einwohner."

Anna: „Deutschland hat mit 80 Millionen Menschen ____________ Einwohner."

d hoch

Anna: „In Deutschland sind die Berge ____________________,
die Zugspitze zum Beispiel 2 962 Meter."

Urs: „In der Schweiz sind die Berge ____________________,
die Dufourspitze zum Beispiel 4 634 Meter."

Kian: „In der Türkei sind die Berge ____________________,
der große Ararat zum Beispiel 5 165 Meter."

13 Welche Steigerungen gibt es nicht? Streiche sie durch.

heller stummer am totesten am höchsten perfekter mehr einzigster breiter

Tipp!
Adjektive, die sich nicht steigern lassen, erkennst du ganz leicht. Du musst dir eine Steigerung nur genau vorstellen. Wenn ein Glas z. B. leer ist, ist es leer, leerer geht nicht.

14 Welche Adjektive (Wiewörter) sind hier gemeint?

Um Menschen, Tiere, Dinge oder Situationen besonders treffend zu beschreiben, helfen dir oft **zusammengesetzte Adjektive** (Wiewörter).

Beispiel:
leicht wie eine Feder: **federleicht**
scharf wie ein Messer: **messerscharf**

Tipp!
Manchmal muss du einen Fugenlaut einfügen, damit es passt. Beispiel: riesengroß

müde wie ein  ____________________

weich wie  ____________________

gerade wie eine  ____________________

rot wie  ____________________

stark wie ein  ____________________

dumm wie  ____________________

klar wie die  ____________________

Anna und Leon im Zoo – Die vier Fälle

Die Urlauber sind inzwischen aus der Türkei zurück, aber die Sommerferien sind noch nicht vorbei. Daher beschließen Anna und Leon, in den Zoo zu gehen. Staunend stehen sie vor den Gehegen und beobachten die Tiere.
Am Gehege des Lamas fällt ihnen zum ersten Mal ein Schild auf. Darauf steht: „Wer ist im Gehege?“
„Das Lama“, antwortet Anna und liest das nächste Schild: „Wessen Gehege ist das? … Moment, das sind ja blöde Fragen, da kommt ja immer nur Lama raus!“ Plötzlich lacht eine Frau hinter ihnen: „Schau mal genau hin! Es kommt nicht immer nur Lama raus!“
Leon liest laut vor: „Wer ist im Gehege? Das Lama. Wessen Gehege ist das? Das Gehege des Lamas. Wem gehört das Gehege? Dem Lama. Wen sehen die Besucher? Das Lama.“
Jetzt erkennt Anna: „Der Begleiter und das Wort Lama verändern sich in jedem Satz!“
„Richtig!“, nickt die Frau. „Ich bin hier mit einer Gruppe englischer Kinder, die in den Ferien Deutsch lernen, und die Kinder müssen diese Fragen zu jedem Tier richtig beantworten. Deshalb habe ich diese Schilder an vielen Gehegen aufgehängt.“
„Was lernen sie denn hier genau?“, fragt Leon. „Die vier Fälle natürlich!“, ruft Anna.

15 Setze das Nomen (Namenwort) mit seinem Artikel (Begleiter) im richtigen Fall ein.

Jedes Nomen (Namenwort) kann in vier verschiedenen **Fällen** stehen.
Man fragt danach mit verschiedenen Fragewörtern.

Beispiel:

1. Fall (Wer-Fall / Nominativ):
Wer oder was ist im Käfig? **Der Affe** ist im Käfig.

2. Fall (Wessen-Fall / Genitiv):
Wessen Käfig ist das? Es ist der Käfig **des Affen**.

3. Fall (Wem-Fall / Dativ):
Wem gehört der Käfig? Der Käfig gehört **dem Affen**.

4. Fall (Wen-Fall / Akkusativ):
Wen oder was sieht Leon? Leon sieht **den Affen**.

Tipp!
Wenn du den Fall änderst, musst du die Endung und den Artikel des Nomens anpassen.

a der Löwe

Wer oder was: ____________ gehört zur Art der Katzen und lebt in der Gruppe.

Wessen: Es dauert etwa fünf Jahre, bis die Mähne ____________ voll ausgebildet ist.

Wem: Die Mähne dient ____________ zum Imponieren und Bedrohen von anderen Löwenmännchen.

Wen oder was: Bei Kämpfen schützt die Mähne ____________ auch vor Verletzungen.

b die Giraffe

Wer oder was: ____________ kann bis zu 5,5 Meter hoch werden.

Wessen: Der Hals ____________ hat sieben Halswirbel – wie der Hals des Menschen.

Wem: Die mindestens 40 cm lange Zunge dient ____________ als Greifwerkzeug.

Wen oder was: Die langen Beine können ____________ nur auf festem Untergrund tragen.

c das Zebra

Wer oder was: ____________ ist mit den Pferden verwandt.

Wessen: Die Streifen ____________ dienen zur Tarnung im Gras.

Wem: Das Pferd und der Esel können mit ____________ gekreuzt werden.

Wen oder was: Man kann ____________ zum Beispiel in den Savannen Ostafrikas finden.

16 Welche Frage musst du stellen, um auf das rot gedruckte Satzglied zu kommen? Schreibe es auf die Linie.

Der Junge gibt **dem Affen** eine Banane. ____________

Der Tierpfleger schrubbt den Rücken **des Nilpferds**. ____________

Die Frau des Direktors bringt dem Gast **einen Tee**. ____________

Tipp!
Grundsätzlich gilt: Nicht in jedem Satz findest du alle vier Fälle!

17 Bilde aus den vorgegebenen Wörtern Sätze.
Unterstreiche anschließend den **1. Fall** (Nominativ) rot, den **2. Fall** (Genitiv) orange, den **3. Fall** (Dativ) lila und den **4. Fall** (Akkusativ) grün.

a Der Löwe – dösen – unter – der Baum.

____

b Der Affe – stehlen – der Besucher – heimlich – die Mütze.

____

____

c Der Papagei – nachplappern – das Schimpfwort – die Viertklässler.

____

____

d Der Wärter – öffnen – die Tür – der Löwenkäfig.

____

____

e Der Klassensprecher – kaufen – die Lehrerin – ein Zoo-Poster.

____

____

Zu Besuch bei Oma Gina – Satzglieder, Dativ- und Akkusativ-Objekte, Zeit- und Ortsangaben

Auf dem Heimweg von der Schule machen Anna und Leon gern eine kleine Pause bei Oma Gina. Oma Gina ist nicht ihre richtige Oma und heißt eigentlich Regina Tonnati, aber alle nennen sie Oma Gina. Sie ist Witwe und hat in der Querstraße eine kleine Wäscherei. Während des Bügelns erfindet sie wunderbare Geschichten und ab und zu darf man sich aus dem großen Glas auf ihrer Theke ein Kaubonbon nehmen.
Wenn Anna und Leon Oma Gina besuchen, sitzen sie mit dem Cockerspaniel Mario und dem Kater Zino auf der Bank im Bügelzimmer und wünschen sich immer neue Geschichten über Ginas Kunden, über die Haustiere und über Oma Ginas Abenteuer in Italien. In Oma Ginas Garten dürfen die Kinder aber nie – denn dort hängt sie die weißen Hemden zum Trocknen an die Leine und die dürfen natürlich nicht schmutzig werden.
Eines Tages beschließen Anna und Leon, Oma Gina eine Freude zu machen und sie zu überraschen. An einem Samstagabend nehmen sie vier alte T-Shirts und beschriften sie mit Stofffarben. Als es dunkel ist, schleichen sie in den Garten in der Querstraße und hängen die T-Shirts an die Leine. Am nächsten Morgen verstecken sie sich hinter dem Haselbusch, um zu sehen, wie Oma Gina sich freut, wenn sie aus dem Fenster sieht. Anna wirft noch einen letzten Blick auf die Wäscheleine und stellt erschrocken einen Fehler fest.

„Mist!“, flüstert Anna. „Wir haben in der Dunkelheit die T-Shirts verwechselt! Es sollte doch heißen: OMA GINA IST TOLL.“ „Macht doch nichts“, tröstet sie Leon. „So gehts doch auch!“ Anna überlegt. „Stimmt! Der Satz ist zwar umgestellt, aber der Sinn bleibt gleich.“

18 Stell die Sätze mehrmals um. Probiere alle Möglichkeiten aus.

Sätze kann man umstellen, ohne dass sie ihren Sinn verändern.
Wörter, die beim Umstellen eines Satzes zusammenbleiben, gehören zusammen.
Man nennt sie **Satzglieder**.

Beispiel:
Oma Gina kocht jeden Sonntag Pasta Bolognese.
Kocht Oma Gina jeden Sonntag Pasta Bolognese?
Jeden Sonntag kocht Oma Gina Pasta Bolognese.
Pasta Bolognese kocht Oma Gina jeden Sonntag.

a Oma Gina verschenkt immer Kaubonbons.

b Anna und Leon hören gern Geschichten.

c Kater Zino stiehlt dem Besucher die Wurst vom Brot.

19 Heute erzählt Oma Gina Anna und Leon nach der Schule eine Kriminalgeschichte:

„Der Kommissar Tausendschlau ist der beste Polizeibeamte, den die Polizei in London je hatte. Allerdings ist er sehr alt und schwerhörig und muss immer noch einmal nachfragen.
Einmal ist bei der Gräfin Powell ein wertvoller Ring gestohlen worden und der Diener James, die Zofe Lydia und die Köchin Mathilde erzählen, was sie gesehen haben.
‚Die Zofe hat das Fenster offen gelassen!', erklärt James.
‚Wer hat das Fenster offen gelassen?', fragt der Kommissar nach.
‚Die Zofe!'"

Frage selbst wie der schwerhörige Kommissar nach dem „Wer oder was?".
Unterstreiche im Antwortsatz das Subjekt (Satzgegenstand) rot.

Mit der Frage **„Wer oder was?"** findet man das **Subjekt** (Satzgegenstand) heraus.
Subjekte sind immer Nomen (Namenwörter) oder Pronomen (Fürwörter).
Das Subjekt kann aus mehreren Wörtern bestehen.

Beispiel:
Sie hat das Fenster offen gelassen.
(Wer oder was hat das Fenster offen gelassen? Sie.)

Tipp!
Das Subjekt (Satzgegenstand) steht nicht immer am Satzanfang!

Beispiel:
Niemand hat das Zimmer nach der Zofe betreten.
Wer oder was hat das Zimmer nach der Zofe betreten?
Antwort: *Niemand hat das Zimmer nach der Zofe betreten.*

a Die Köchin Mathilde hörte ein Geräusch im Zimmer.

Frage: ____________________ hörte ein Geräusch im Zimmer?

Antwort: ____

b Schnell rief sie den Diener James.

Frage: ____

Antwort: ____

c Der Diener James öffnete die Tür und hörte ein Krächzen.

Frage: ____

Antwort: ____

____

20 Unterstreiche in den folgenden Sätzen das Prädikat (Satzaussage) blau.

Mit der Frage **„Was tut jemand oder etwas?“** findet man das **Prädikat** (Satzaussage) heraus. Ein Prädikat ist immer ein Verb (Tunwort). Es kann auch zweigeteilt sein.

Beispiele:
Der Kommissar löst den Fall. (Was tut der Kommissar? Er löst.)
Der Kommissar wird das Geheimnis lüften. (Was tut der Kommissar? Er wird lüften.)

Der Kommissar befahl seinem Assistenten: „Besorg eine Leiter!“

Der Assistent kletterte mit der Leiter auf die Eiche im Schlosshof.

Diener James hielt die Leiter fest.

Auf dem Baum fand der Assistent ein Elsternnest.

Im Vogelnest befand sich der Ring.

Außerdem fand der Assistent noch einen Silberlöffel und zwei Haarspangen.

Damit hatten sie den Dieb überführt.

Die Beute wurde den rechtmäßigen Besitzern zurückgegeben.

Tipp!
Denke daran: Prädikate können auch aus zwei Wörtern bestehen!

21 Unterstreiche in den folgenden Sätzen das Dativ-Objekt (Wem-Ergänzung) lila.

- Meistens besteht ein Satz nicht nur aus einem Subjekt (Satzgegenstand) und einem Prädikat (Satzaussage), sondern auch aus Objekten (Satzergänzungen). Diese können im 3. Fall (Wem-Fall/Dativ) oder im 4. Fall (Wen-Fall/Akkusativ) stehen.
- Nach dem **Dativ-Objekt** (Wem-Ergänzung/Ergänzung im 3. Fall) fragt man mit **„Wem?“** oder **„Mit/Bei wem?“**.
  Dativ-Objekte sind immer Nomen (Namenwörter) oder Pronomen (Fürwörter).
  Beispiele:
  Leon schenkt seinem Vater ein Buch über Dinosaurier.
  (Wem schenkt Leon ein Buch über Dinosaurier? Seinem Vater.)
  Oma Gina fegt mit dem Besen das Zimmer.
  (Mit wem fegt Oma Gina das Zimmer? Mit dem Besen.)

Der Lehrer gibt dem Schüler ein Buch.

Leon kauft seinem Hamster Futter.

Oma Gina bringt ihrem Papagei Erdnüsse mit.

Anna hilft ihrer Tante beim Basteln.

Oma Gina flüstert ihrem Hund etwas ins Ohr.

Frau Neumann schreibt mit dem Füller einen Brief.

Tipp!
Wörter wie **mit**, **dem**, **seinem** und **ihrem** weisen auf ein Dativ-Objekt hin.

22 Setze die Wörter in Klammern als Dativ-Objekt (Wem-Ergänzung) in die Lücke ein, sodass sinnvolle Sätze entstehen.

Die Schuhe gehören ______________________________. (mein Vater)

Frau Neumann sagt den Termin bei ____________________ ab. (ihr Arzt)

Anna hilft ____________________________ bei den Hausaufgaben. (Leon)

Anna winkt _________________________________. (ihre Oma)

Leon gratuliert __________________________________ zum Geburtstag. (der Lehrer)

Anna sieht __________________________________ beim Backen zu. (die Mutter)

Eis schmeckt __________________________________ gut. (alle Kinder)

23 Familie Buchberger geht in der Stadt einkaufen. Alle haben viele Wünsche. Unterstreiche in diesen Sätzen das Akkusativ-Objekt (Wen-Ergänzung) grün.

Nach dem **Akkusativ-Objekt** (Wen-Ergänzung/Ergänzung im 4. Fall) fragt man mit **„Wen oder was?"**.
Auch Akkusativ-Objekte sind immer Nomen (Namenwörter) oder Pronomen (Fürwörter).

Beispiel:
Oma Gina versalzt die Suppe. (Wen versalzt Oma Gina? Die Suppe.)

Frau Buchberger braucht einen neuen Mantel.

Anna will ein neues Computerspiel.

Tante Daniela benötigt ein Paar neue Schuhe.

Herr Buchberger ersteht eine reduzierte Hose.

Anna braucht einen neuen Radiergummi.

Tante Daniela wünscht sich eine Halskette.

Einen tollen Badeanzug sieht Frau Buchberger im Schaufenster.

24 Unterstreiche in den folgenden Sätzen die Dativ-Objekte (Wem-Ergänzungen) lila und die Akkusativ-Objekte (Wen-Ergänzungen) grün.

Anna verziert ihr Tagebuch mit einem bunten Stift.

Oma Gina winkt den Kindern mit einem Taschentuch nach.

Oma Ginas Hund Mario spielt mit dem Ball, frisst ein Leckerli und kaut dann einen Hundeknochen.

Kater Zino leckt sich die Pfoten und macht es sich mit seinem Lieblingsball in der Küche gemütlich.

Tipp!
In einem Satz kann es auch mehrere Dativ- oder Akkusativ-Objekte geben.

25 Überlege dir eine passende Ergänzung. Schreibe in Klammern darunter, ob sie im Dativ (3. Fall) oder im Akkusativ (4. Fall) stehen muss.

Zum Geburtstag wünsche ich mir ______________________________.

(______________________________)

Leon hat ______________________________ einen Brief geschrieben.

(______________________________)

Vorgestern hat Anna ______________________________ besucht.

(______________________________)

______________________________ wünsche ich alles Gute.

(______________________________)

26 Streiche alle Wörter durch, die keine Zeitangaben sein können.
Unterstreiche alle Zeitangaben orange.

- Neben Subjekt, Prädikat und Objekten kann es in einem Satz auch Zeit- und Ortsangaben geben.
- Die **Zeitangabe** findet man mit der Frage **„Wann?"**.
  Eine Zeitangabe kann auch aus mehreren Wörtern bestehen.
  In einem Satz kann es mehrere Zeitangaben geben.

  Beispiele:

  Oma Gina singt von morgens bis abends.
  (Wann singt Oma Gina? Von morgens bis abends.)

  Um 11 Uhr kommt immer der Briefträger.
  (Wann kommt der Briefträger? Immer um 11 Uhr.)

auf der Turmspitze unterbrechen immer der Putztrupp

flattern das Modellflugzeug die Uhr fließen helfen

an meinem Geburtstag im Januar um 12 Uhr montags

das Gewächshaus die Wäscheleine jede Woche

in der Steinzeit um Mitternacht letzten Monat

im Mittelalter

27 Unterstreiche in diesen Sätzen alle Zeitangaben orange.

Leons Vater liest gerade die Fernsehzeitschrift.

Er möchte nachher gerne fernsehen.

Dienstags kommt immer seine Lieblingssendung über Dinosaurier.

Die Dinosaurier lebten in der Kreidezeit.

Leons Mutter will um 18.15 Uhr auch gerne fernsehen.

Sie will aber immer Nachrichten sehen.

So müssen sie jede Woche einen Kompromiss finden.

28 Streiche alle Wörter durch, die keine Ortsangaben sein können.
Unterstreiche alle Ortsangaben gelb.

Die **Ortsangabe** findet man mit den Fragen **„Wo?“** oder **„Wohin?“**.
Eine Ortsangabe kann auch aus mehreren Wörtern bestehen.
In einem Satz kann es mehrere Ortsangaben geben.

Beispiele:

Oma Gina geht in die Querstraße.
(Wohin geht Oma Gina? In die Querstraße.)

Oma Ginas Papagei sitzt oben auf der Wäscheleine.
(Wo sitzt Oma Ginas Papagei? Oben auf der Wäscheleine.)

in der Hundehütte
der Ohrring
telefonieren
auf der Autobahn
hellblau
Möwe
im Parkhaus
blühen
schieben
hinter dem Vorhang
Pferd
auf dem Wasser
im Restaurant
in der Ruine
im Vogelhäuschen
im Baumhaus
arbeiten
dunkel
auf dem Rücken
finden
drehen

29 Unterstreiche in diesen Sätzen die **Ortsangaben** gelb.

Anna und Leon spielen auf dem Spielplatz. Leon klettert auf den Turm. Anna sitzt auf der Schaukel. Sie schauen den Kindern im Sandkasten zu. Hinter den Bäumen verstecken sich zwei Mädchen. Ein kleiner Junge sucht sie unter der Wippe. Die Mütter sitzen auf der Bank und schauen zu.

30 Verbinde jeweils mit der passenden Frage.

Subjekt (Satzgegenstand)	Wem?
Prädikat (Satzaussage)	Wen oder was?
Zeitangabe	Was tut jemand oder etwas?
Ortsangabe	Wer oder was?
Dativ-Objekt (Wem-Ergänzung)	Wo? Wohin?
Akkusativ-Objekt (Wen-Ergänzung)	Wann?

31 Unterstreiche: Das **Subjekt** (Satzgegenstand) rot, das **Prädikat** (Satzaussage) blau, die **Zeitangabe** orange, die **Ortsangabe** gelb, das **Dativ-Objekt** (Wem-Ergänzung) lila, das **Akkusativ-Objekt** (Wen-Ergänzung) dunkelgrün und **weitere Satzglieder** hellgrün.

Oma Gina gießt montags den Rosenkohl.

An der Haustür klingelt der Postbote.

Er bringt ein Paket mit neuen Schuhen.

Sofort probiert Oma Gina die neuen Schuhe an.

Die neuen Schuhe passen gut.

Sie macht gleich einen Spaziergang mit Mario.

Am Sonntag übt Oma Gina mit ihrem Papagei im Garten Kunststücke.

In den letzten Jahren brachte sie ihm schon viele Kunststücke bei.

Seit Januar kann er zwei neue Sätze sagen.

Abends geht Oma Gina immer mit Mario im Park spazieren.

Dort treffen sie stets andere Hunde.

Der Lügenbaron Münchhausen – Wörtliche Rede

Anna und Leon finden im Bücherschrank von Oma Gina ein Buch über Münchhausen. Neugierig beginnen sie zu blättern. „Wer ist denn dieser Münchhausen?“, fragt Leon. „Den Baron Hieronymus Carl Friedrich von Münchhausen nennt man auch Lügenbaron. Er hat vor etwa 250 Jahren in der Nähe von Braunschweig gelebt und viele Geschichten über seine Jagd, über Kriegserlebnisse und andere Abenteuer erzählt“, antwortet Oma Gina. „Oft hat er andere Adelige, den General und den Doktor, den Apotheker und den Pfarrer des Dorfes eingeladen und dabei seine Erlebnisse erzählt. Allerdings nicht nur das, was er wirklich erlebt hatte – er schmückte seine Erzählungen mit den unglaublichsten Lügen aus. Dabei log er so fantasievoll und einfallsreich, dass alle begeistert neue Münchhausen-Abenteuer hören wollten. Er erzählte zum Beispiel von seinem Ritt auf einer Kanonenkugel oder davon, dass er sich an den eigenen Haaren aus dem Sumpf gezogen hatte.“

32 Münchhausen erzählt seinen Gästen von seiner ersten Reise nach Russland. Unterstreiche die Begleitsätze blau und die wörtliche Rede rot.

- Das, was eine Person spricht, nennt man **wörtliche Rede**. Sie beginnt und endet mit **Anführungszeichen**.
- Oft ist die wörtliche Rede mit einem **Begleitsatz** verbunden. Der Begleitsatz kann vor der wörtlichen Rede stehen (vorangestellter Begleitsatz) oder auch danach. Nach der wörtlichen Rede heißt er **nachgestellter Begleitsatz**.
  Beispiel:
  „Ich habe Hühnchen gegessen“, sagte Münchhausen.
  wörtliche Rede — nachgestellter Begleitsatz

Manchmal steht der Begleitsatz auch **zwischen zwei Teilen** der wörtlichen Rede.
Beispiel:
„Ich wünsche euch“, sagte Münchhausen, „einen guten Appetit!“
wörtliche Rede — Begleitsatz — wörtliche Rede

Münchhausen erzählte: „Das erste Mal reiste ich im Winter nach Russland."

„Aber da hat es doch so viel Schnee!", unterbrach ihn der Apotheker.

„Ja, es gab viel Schnee", bestätigte Münchhausen, „alles war eingeschneit."

33 Unterstreiche die Begleitsätze blau und die wörtliche Rede rot.
Setze dann die richtigen Satzzeichen oder, wenn nicht erforderlich, kein Satzzeichen ein.

Welche Satzzeichen zwischen Begleitsatz und wörtlicher Rede stehen, hängt davon ab, wo der Begleitsatz steht.

- **vorangestellter** Begleitsatz: **Doppelpunkt**
  Beispiel:
  Münchhausen sagte**:** „Ich erzähle von meiner Reise nach Russland."
- **nachgestellter** Begleitsatz: **Komma**
  Beispiele:
  „Ich habe Hühnchen gegessen"**,** sagte Münchhausen.
  „Gibt es auch Hühnchen**?**"**,** fragte Münchhausen.
  „Ich wünsche euch einen guten Appetit**!**"**,** rief Münchhausen.
- Begleitsatz **zwischen zwei Teilen** der wörtlichen Rede:
  zwei Kommas
  Beispiel:
  „Ich erzähle von meiner Reise"**,** sagte Münchhausen**,** „und von meinem Pferd."

Tipp!
Beim nachgestellten Begleitsatz gilt:
Ein **Punkt** am Ende der wörtlichen Rede fällt weg, **Frage-** und **Ausrufezeichen** bleiben stehen.

„Ich band mein Pferd an einen Pfahl und legte mich schlafen " erzählte Münchhausen

„Danach schlief ich tief und fest in meinem Schneebett " fuhr er fort

„Hat das Pferd Sie nicht geweckt " wollte der Apotheker wissen

„Doch, am nächsten Morgen hörte ich es wiehern " antwortete Münchhausen

„Ich sah mich um, konnte es aber nirgends entdecken " erzählte der Baron weiter

„Und was glaubt ihr " fragte er die anderen „wo ich mich befand "

34 Schreibe die Fortsetzung der Geschichte von Münchhausen jeweils als wörtliche Rede auf ein Blatt Papier. Überlege dir immer einen passenden Begleitsatz (BS) dazu und setze ihn an die angegebene Position. Denke dabei an die richtigen Satzzeichen!

Auf dem Friedhof! Das Pferd war an die Kirchturmspitze gebunden! *(vorangestellter BS)*

Am Tag davor hatte es so viel Schnee gegeben, dass auch ich mich dort oben befand. *(vorangestellter BS)*

Über Nacht aber war es warm geworden und der Schnee geschmolzen, so kam ich wieder hinunter, mein Pferd aber blieb oben. *(BS zwischen zwei Teilen der wörtlichen Rede)*

Zum Glück gelang es mir, das Pferd wieder wohlbehalten auf sicheren Boden zu bringen. *(nachgestellter BS)*

Die Fahrradprüfung – Bindewörter

35 Die Schüler der Klasse 4b sind aufgeregt. Bald ist Fahrradprüfung! Jeden Dienstag treffen sich die Kinder schon vor 8 Uhr. Sie fahren gemeinsam zum Übungsplatz. Anna packt dafür ihren Helm ein. Anna packt ihr Pausenbrot ein. Anna packt ihre Warnweste ein. Die Kinder geben sich beim Fahren große Mühe. Die Polizisten sehen immer wieder kleine Fehler. Anton und Leon müssen die Runde nicht noch einmal fahren. Sie haben die Vorfahrtsregel missachtet.

Der Text oben klingt sehr abgehackt. Es fehlen die Wörter, die Sätze oder Satzteile verbinden und einen Text flüssiger klingen lassen.
Schreibe den Text schöner auf die Linien, indem du Bindewörter einsetzt.

- Mit **Bindewörtern** (Konjunktionen) lassen sich Sätze miteinander verknüpfen.
  Beispiel:
  Anna freut sich sehr. Bald darf sie mit dem Fahrrad in die Schule fahren.
  Anna freut sich sehr, **weil** sie bald mit dem Fahrrad in die Schule fahren darf.
  Oder umgekehrt:
  Weil sie bald mit dem Fahrrad in die Schule fahren darf, freut sich Anna sehr.
- Es gibt viele verschiedene Bindewörter.
  Beispiele:
  denn, dass, weil, daher, obwohl, um, ob, wie, während
- Zwischen zwei verknüpften Sätzen steht immer ein **Komma** – außer bei „und" und „oder".
  Beispiele:
  Anna übt fleißig**,** **obwohl** das viel Zeit in Anspruch nimmt.
  Weil in der Nähe ihrer Wohnung ein Park ist**,** hat sie viel Platz zum Üben.
  Sie lernt viele Regeln **und** die Bedeutung von Verkehrszeichen.

Die Schüler der Klasse 4b sind aufgeregt, denn bald ist Fahrradprüfung!

36 Welches Bindewort passt? Setze verschiedene Bindewörter und, wenn nötig, ein Komma ein. Du darfst jedes Bindewort nur einmal verwenden!

Verrückte Welt

Leon fährt gerade über den Fußgängerüberweg ______________ ein Ufo landet.

______________ das Karussellpferd wiehert fahren sie los.

______________ Anna den Fahrradschlauch fertig gestrickt hat beginnt das Rennen.

Mattis hat eine Kirchenglocke am Lenker ______________ man ihn sicher hört.

Atasi findet Bremsen etwas für Anfänger ______________ kauft sich eine Hupe.

Ideenbox: obwohl als und oder aber nachdem da weil damit bis denn

37 Verbinde passend und schreibe die Sätze auf die Linien auf der nächsten Seite. Denke dabei auch an das Komma!

Anton wäre fast mit Leon zusammengestoßen	aber	die Polizisten waren sehr stolz auf sie.
Alle Kinder aßen ihre Pausenbrote	oder	alle ihren Helm aufgesetzt hatten.
Alle Schüler fuhren fehlerfrei	und	einen eckigen Rückstrahler.
Fahrräder haben einen runden	bis	Leon konnte gerade noch bremsen.
Frau Reber wartete	nachdem	sie in der Zirkus-AG ist.
Atasi übt sogar freihändig fahren	weil	sie eine Stunde gefahren waren.

Tipp!
Denke daran:
Vor **und** und **oder** gehört kein Komma!

38 Hier passen die Bindewörter nicht.
Streiche sie durch und schreibe jeweils ein passendes darunter.

Ich fahre heute nicht Fahrrad, darauf es regnet.

Bettina kann nicht mit dem Rad fahren, also sie einen Platten hat.

Adrianos Fahrrad ist verkehrssicher, bevor es schon alt ist.

Leon packt Trinkflasche, Brotbox obwohl Taschentücher in den Rucksack.

Damit Anna die Prüfung bestanden hatte, freute sie sich sehr.

39 Im Suchsel sind 15 Bindewörter versteckt. Markiere sie gelb.

S	I	A	T	W	Ä	H	R	E	N	D	O	D	L	D	C	W	E	I	L	B	S	O
D	E	L	L	R	C	Ö	D	B	D	A	S	S	T	A	L	E	G	C	H	D	O	B
D	B	S	C	A	L	L	E	R	D	I	N	G	S	E	L	N	D	B	U	O	D	W
E	B	R	D	W	Y	M	X	B	E	V	O	R	E	K	L	N	A	O	K	J	A	O
N	L	J	B	I	S	K	L	E	E	C	I	H	U	N	D	T	N	G	F	H	S	H
N	D	O	D	E	R	S	O	N	D	E	R	N	S	R	E	B	N	H	U	L	S	L

Onkel Stefan erforscht die Steinzeit – Wortfelder, Unter- und Oberbegriffe

Anna sieht ihren Onkel Stefan sehr selten, weil er weit weg in einer Großstadt lebt. Dort arbeitet er als Archäologe im Landesmuseum. Anna findet das toll, weil er sehr viel von der Steinzeit und von den Schulklassen, die ihn besuchen kommen, erzählen kann. Deswegen freut sie sich sehr, als die Eltern ihr mitteilen, dass sie übers Wochenende zu Onkel Stefan fahren werden. Während der langen Autofahrt erzählt Annas Vater von Dingen, die er selbst über die Steinzeit weiß: von Neandertalern, Säbelzahntigern und Höhlenmalereien.

40 Schreibe alles, was zum Wortfeld **fahren** gehört, auf die Linien auf der nächsten Seite. Streiche alle anderen Wörter durch.

streiten düsen schreiben meinen

streiken rasen reisen

radieren zuckeln glauben schimpfen

kutschieren rufen

gondeln schleichen servieren

Ein **Wortfeld** wird aus einer Gruppe von Wörtern gebildet, die ein bestimmtes Wort ähnlich oder genauer ausdrücken.

Beispiel:
Wortfeld **brennen**:
glühen, glimmen, leuchten, schmoren, flackern, kokeln, rösten, knistern …

41 Als Annas Familie nach der langen Autofahrt bei Onkel Stefan ankommt, ist Anna sehr müde. Sie möchte nur noch schlafen. Onkel Stefan sagt ihr Gute Nacht und verspricht: „Gleich morgen gehen wir ins Museum!" „Oder wir rennen!", lacht Anna. „Oder wir marschieren!", erwidert ihr Onkel. Oder sie …

Sicher fallen dir auch noch Wörter ein, die zum Wortfeld **gehen** gehören. Schreibe sie in den Wortfeldkasten.

rennen

gehen

marschieren

42 Am nächsten Tag führt Onkel Stefan Anna und ihre Familie durch das Museum und erzählt ihnen viel vom Steinzeitalter, von damaligen Tieren und den Werkzeugen der Steinzeitmenschen. Als er mit seinen Erzählungen fertig ist, darf Anna selbst einmal Steinwerkzeuge ausprobieren.
Streiche alle Dinge durch, die nicht zu den Steinwerkzeugen gehören.

Turnbeutel   Bohrer   Steinhammer   Radiergummi   Schaber   Säge   Faustkeil   Radio   Nadel   Füller

Schreibe alle Wörter, die du nicht durchgestrichen hast, auf die Linie, dann hast du eine Wörtersammlung zum Oberbegriff **Steinwerkzeuge**.

____

Ein **Oberbegriff** ist die Zusammenfassung verschiedener Wörter aus einer Wörtersammlung. Statt Oberbegriff könnte man auch Überschrift oder Thema einer Wörtersammlung sagen.
Die Wörter der Sammlung nennt man **Unterbegriffe**.

Beispiel:
Oberbegriff: Fahrzeuge
Unterbegriffe: Auto, Bus, Dreirad, Fahrrad, Motorrad, Mofa, Roller, Zug

43 Streiche alle Wörter durch, die nicht zum Oberbegriff **Säugetiere** passen.

Hering Kuh Amsel Spinne Elefant Eidechse

Wolf Katze Hai Ziege Hund Ameise

44 Überlege dir zu jedem angegebenen Oberbegriff mindestens fünf Unterbegriffe und schreibe sie auf.

a Berufe

____

____

b Kleidung

____

____

c Obst

____

____

d Getränke

____

____

45 Welcher Oberbegriff passt zu diesen Unterbegriffen?

a ______________________________

Tasse, Teller, Unterteller, Suppenteller, Suppenschüssel, Kaffeekanne

b ______________________________

Bauklötze, Holztiere, Murmelbahn, Kasperlefiguren, Puppe

c ______________________________

Rhein, Donau, Oder, Themse, Tiber, Amazonas, Nil

d ______________________________

Onkel, Tante, Cousine, Cousin, Oma, Opa, Schwester, Bruder, Vater, Mutter

46 Welche Wörter aus dem Kasten passen zusammen? Sortiere zusammenpassende Wörter jeweils in eine Spalte und finde den passenden Oberbegriff.

Rose Stuhl Klavier Auto Gitarre Tulpe Regal
Margerite Tisch Oboe Orchidee Bett Tuba Flöte
Veilchen Schrank Geranie Narzisse Gänseblümchen
Sofa Posaune Trompete Nachttisch Orgel Kommode

Oberbegriff:	Oberbegriff:	Oberbegriff:

Ein Wort bleibt übrig. Welches? ______________________________

Finde einen passenden Oberbegriff zu diesem Wort: ______________________________

Anna, Leon und die Steckwürfel – Wortfamilien, Vor- und Nachsilben, Endungen, Substantivierungen

Anna und Leon haben einen Riesenberg Hausaufgaben auf. Neidisch schauen sie auf Nina, Leons kleines Nachbarsmädchen, das heute zu Besuch ist. Nina baut aus großen Steckwürfeln Raumschiffe und Pferde. Anna und Leon wollen auch lieber Steckwürfel bauen. Da ruft Leon: „Aber wir machen ja dasselbe! Wir stecken doch auch verschiedene Endungen an den Wortstamm – und dann entstehen neue Wörter!" Anna stimmt zu. Sofort klebt sie **fahr** auf einen Steckwürfel, **en** auf einen zweiten und **plan** und **er** auf zwei weitere. Nun stecken sie damit Wörter: **fahren**, **Fahrplan**, **Fahrer**. Anschließend beschriften sie weitere Steckwürfel. Die Hausaufgaben sind so im Nu gelöst! Nur Nina schimpft, weil ihre Steckwürfel immer weniger werden.

47 Unterstreiche bei den Wörtern auf der nächsten Seite nur den Wortstamm. Sortiere die Wörter anschließend und schreibe sie zur richtigen Wortfamilie in die Tabelle.

- Wie die Menschen können auch Wörter verwandt sein und eine Familie bilden. Wörter mit gleichem oder ähnlichem Wortstamm bilden eine **Wortfamilie**. Der **Wortstamm** ist der Teil des Wortes, der bei allen verwandten Wörtern gleich bleibt.
  Beispiel:
  Wortfamilie **fahren**:
  Fahrer, anfahren, Fahrzeug, Gefahr, Fahrplan, abfahren, Fahrt, Fahrkarte …
  Der Wortstamm ist **fahr**.

- Achtung: In Ausnahmefällen kann sich der Wortstamm leicht verändern!
  Beispiele:
  schreiben *aber:* die Schrift
  stehen *aber:* der Stand
  sprechen *aber:* die Sprache
  gehen *aber:* der Gang

Hörweite Spielplatz umhören Waschung Hörer
vorspielen Hörgerät abwaschen
anspielen anhören
Wäsche Spielfigur Waschmaschine Spieluhr
vorwaschen Angehöriger
Spielmann Waschanlage

Wortfamilie „hören“	Wortfamilie „spielen“	Wortfamilie „waschen“

48 Bilde aus dem Wortstamm **zieh** und verschiedenen Vorsilben noch zehn neue Wörter. Achtung: Manchmal musst du auch eine Endung oder eine Nachsilbe hinzufügen!

- **Vorsilben** sind Wortbausteine, aus denen du mit dem Wortstamm und oft auch einer Endung neue Wörter bilden kannst.
  Vorsilben sind:
  ab-, an-, auf-, aus-, be-, ein-, ge-, mit-, um-, un-, nach-, ver-, vor-, zer-, zu-
  Beispiel:
  Wortstamm **lauf**

  Vorsilbe + Wortstamm + Endung

  an- + lauf = Anlauf
  an- + lauf + -en = anlaufen

- Man kann auch mehrere Vorsilben kombinieren: Wortstamm **sicht**
  Vorsilbe + Vorsilbe + Wortstamm + Endung

  un- + vor- + sicht + -ig = unvorsichtig

abziehen

49 Bilde aus den folgenden Wortstämmen mit Nachsilben jeweils ein Adjektiv (Wiewort) und ein Nomen (Namenwort). Du darfst zusätzlich auch Vorsilben verwenden. Achte dabei auch auf die Groß- und Kleinschreibung!

Auch mit **Nachsilben** kannst du neue Wörter bilden.
Oft weist die Nachsilbe schon auf die Wortart hin.
Nachsilben für Adjektive (Wiewörter) sind z. B.: -bar, -isch, -ig, -lich, -haft, -sam
Nachsilben für Nomen (Namenwörter) sind z. B.: -heit, -keit, -nis, -ung, -tum

Beispiel:
Wortstamm **neu**
Wortstamm + Nachsilbe

neu	+	-heit	= Neuheit *(Nomen)*
neu	+	-lich	= neulich *(Adjektiv)*

Tipp!
Manchmal musst du weitere Buchstaben einfügen, damit es passt, zum Beispiel:
neu – Neuigkeit

bild – bildhaft, die Bildung

zeit – ____________

heil – ____________

reich – ____________

rein – ____________

klein – ____________

deut – ____________

frag – ____________

lang – ____________

50 Sortiere diese Wörter mit verschiedenen Endungen, Vor- und Nachsilben nach Wortarten in die Tabelle.

abbaubar, ärgern, verzeichnen, bebaubar, baulich, zeichnerisch, Bezeichnung, ärgerlich, Bauland, zeichnen, Bebauung, bauen, abzeichnen, Zeichner, ausbauen, nachzeichnen, Zeichnung, aufbauen, Anbau

Weitere Bausteine, mit denen du neue Wörter bilden kannst, sind **Endungen**.
Du kannst eine Endung und eine oder mehrere Vorsilben zu einem Wortstamm hinzufügen.
Endungen sind zum Beispiel: -en, -end, -er, -n, -r, -s, -t

Beispiel:
Wortstamm **fahr**

Wortstamm + Endung

fahr + -er = Fahrer

Vorsilbe + Wortstamm + Endung

ab- + fahr + -t = Abfahrt

Nomen (Namenwörter)	Verben (Tunwörter)	Adjektive (Wiewörter)

Was fällt dir auf?
Kreuze nur die richtigen Aussagen an:

- ☐ Mit Vorsilben lassen sich verschiedene Wortarten bilden.
- ☐ Mit Nachsilben und Endungen lassen sich verschiedene Wortarten bilden.
- ☐ Die Nachsilben -ung, -heit, -keit und -nis bilden immer Verben (Tunwörter).
- ☐ Die Nachsilben -ung, -heit, -keit und -nis bilden immer Nomen (Namenwörter).

51 Nachdem Anna und Leon mit ihren Hausaufgaben fertig sind, muss Anna wieder an ihren Besuch bei Onkel Stefan im Museum denken. Sie erzählt Leon, was ihr Onkel über die Steinzeit berichtet hat.

Lies ihre Erzählung auf der nächsten Seite und nutze für die angegebenen Wörter passende Vorsilben.
Schreibe die entstandenen Wörter in die Lücken.
Die Ideenbox am Ende der Aufgabe hilft dir bei der Suche nach den Vorsilben.

a ziehen

Wenn die Steinzeitjäger die Wahl hätten, würden sie natürlich große Beutetiere vorziehen.

Wenn die Steinzeitmenschen von einer anderen Gruppe aus ihrer Höhle vertrieben wurden, mussten sie in eine andere Höhle ______________. Nach der Jagd mussten die Männer den Wollnashörnern das Fell ______________.

Wenn im Winter das gewebte Kleid zu kalt war, mussten die Menschen ein Fell ______________. Damit das Schilfgras nicht verloren ging, musste der Mann den Sack fest ______________.

b passen

Man musste die Steinspitze in der Breite an den Speer ______________.

Wenn die Eltern auf der Jagd und beim Sammeln waren, mussten die größeren Kinder auf die kleinen ______________. Die Jäger durften die vorbeiziehenden Rentierherden auf keinen Fall ______________.

c schneiden

Die Felle von erlegten Tieren haben die Steinzeitmenschen weiterverarbeitet, dafür mussten sie sie aber zuerst richtig ______________.

Mit feinen Feuersteinklingen konnten die Menschen sogar Äste ______________.

Ideenbox: ab- an- auf- aus- be- ein- ge- mit- um- un- nach- er- vor- zer- zu-

52 Nicht bei allen Wörtern ergeben alle Vorsilben einen Sinn.
Streiche die falschen Wörter durch.

zersagen, aufsagen, mitsagen, vorsagen, gesagen, einsagen, besagen, aussagen, versagen, unsagen, nachsagen, zusagen, absagen, ansagen, umsagen

53 Wandle in verschiedene Wortarten um.
Nutze dafür auch Endungen, Vor- und Nachsilben.

Nomen (Namenwort)	Verb (Tunwort)	Adjektiv (Wiewort)
der Freund	anfreunden	freundlich
die Schuld		
	vergrößern	
		fürchterlich
die Süßigkeit		
	kleben	
		nass
die Schärfe		
	vernebeln	
		regnerisch
der Schlaf		
	erleichtern	
		müde

54 In den folgenden Sätzen sind ein Verb (Tunwort) und ein Adjektiv (Wiewort) plötzlich großgeschrieben. Welche? Unterstreiche sie rot.

Manchmal werden Adjektive (Wiewörter) oder Verben (Tunwörter) als Nomen (Namenwörter) gebraucht und großgeschrieben. Man nennt das **substantivieren**.

Beispiele:
das **Blau** des Himmels
Das **Kennenlernen** war super!

Tipp!
Signalwörter für eine Substantivierung sind z. B. **alles**, **nichts**, **viel**, **wenig** und alle **Artikel** (Begleiter).

Noch eine ganze Weile lang berichtet Anna viel Großartiges, das ihr Onkel über die Steinzeit erzählt hat. Leon ist ganz begeistert und kommt aus dem Staunen gar nicht mehr heraus.

55 Setze die passenden substantivierten Adjektive (Wiewörter) aus dem Kasten auf der nächsten Seite in die Lücken ein.

Das ______________________ vom Himmel herunterlügen.

Alles ______________________ zum Geburtstag!

Des ______________________ zu viel.

Auf dem ______________________ sitzen.

Im ______________________ tappen.

Im ______________________ fischen.

Den ______________________ ziehen.

Das ______________________ suchen.

trocken	blau	gut	dunkel	trüb	gut	weit	kurz

56 Adjektiv (Wiewort) oder substantiviertes Adjektiv?
Schreibe die Wörter richtig in die Lücken.

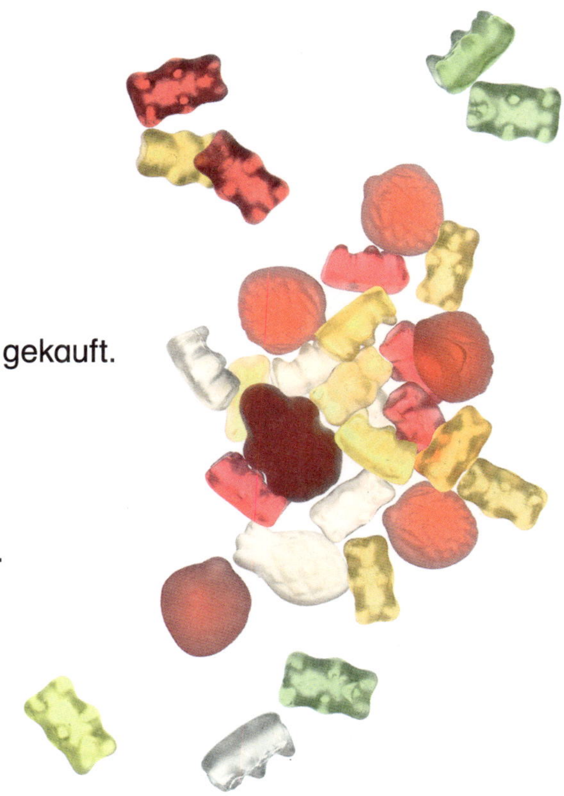

a klein

Das Mädchen ist ______________________.

Die ______________________ kann noch nicht sitzen.

b süß

Wir haben für die Party viel ______________________ gekauft.

Schokolade ist ______________________.

c blau

Das ______________________ des Himmels ist schön.

Der Himmel ist ______________________.

d neu

Wir haben eine ______________________ Nachricht.

Es gibt etwas ______________________.

57 Setze das passende Wort als Verb (Tunwort) oder substantiviertes Verb ein.

Beim ______________________ (spielen) habe ich gestern viel Spaß gehabt.

Wir ______________________ (spielen) gern ______________________ (verstecken).

Ans ______________________ (verlieren) möchte ich gar nicht denken.

Leon ______________________ (schreiben) eine SMS.

Im ______________________ (singen) war Maja schon immer gut.

Bastian ______________________ (lernen) Grammatik.

Tipp!
Denke daran, dass sich auch in den Wörtchen **beim**, **am**, **ins** usw. ein Artikel (Begleiter) versteckt, also eine Substantivierung folgt.

Knobelseite

Tipp!
Denke daran, dass sich der Wortstamm manchmal etwas verändern kann.

58 Finde heraus, welches Wort in die Lücke gehört.
Achte auf die richtige Groß- und Kleinschreibung!

Jagd in der Steinzeit

Vor allem im ________________ (Wort mit dem Oberbegriff „Jahreszeiten"), wenn Schnee lag, war es für den Steinzeitmenschen schwierig, genügend ________________ (Wortstamm: nahr, Endung: -ung) zu finden. Deshalb war die Jagd für das ________________ (Vorsilbe: über-, Endung: -en) sehr wichtig. Die Steinzeitmenschen hatten verschiedene ________________ (Oberbegriff von Speer, Lanze, Pfeil und Bogen) und Jagdmethoden. Große Beutetiere wurden in Fallen oder Moore getrieben und dann mit Steinen und Lanzen getötet. Manchmal trieb eine Jägergruppe das Beutetier auch in die Richtung der Schützen, die das Tier dann ________________ (Wortstamm: leg, Vorsilbe: er-). Der Nachteil der Lanze war, dass man sehr nahe an das Tier herankommen musste. Einen Speer konnten die Jäger aus größerem ________________ (Wortfamilie: stehen, Vorsilbe: ab-) schleudern. Allerdings waren Speere aufwendig herzustellen, daher gab es nur wenige. Der Jäger musste sich seines Ziels sehr sicher sein, um es ________________ (Wortstamm: schieß, Vorsilbe: ab-), sonst floh es und war schnell verschwunden. Nach der ________________ (Wortstamm: find, Vorsilbe: er-, Endung: -ung) von Pfeil und Bogen konnte sich ein Steinzeitjäger auch an das Wild heranschleichen und versuchen, es aus einem Versteck zu erlegen.

Leon versteht nur Bahnhof – Redensarten, Sprichwörter und Vergleiche

Leon steht auf dem Balkon und hört dabei zufällig eine Unterhaltung seiner Nachbarn mit. „Da ist mir der Geduldsfaden gerissen, das sag ich dir!“, ruft der eine. Und sein Gesprächspartner antwortet: „Lass dich bloß nicht für dumm verkaufen, da hast du vollkommen recht!“ Leon ist verwirrt, er versteht nur Bahnhof.

59 Verbinde die Redewendungen mit der richtigen Bedeutung.

Mit **Redewendungen** und **Sprichwörtern** kann man etwas bildhaft ausdrücken. Die Bedeutung lässt sich oft nicht sofort ableiten. Je öfter du aber Redewendungen und Sprichwörter liest, desto besser verstehst du, was damit gemeint ist.

Beispiel:
ins Fettnäpfchen treten:
ein Thema ansprechen, das dem Gesprächspartner unangenehm ist

jemandem den Kopf waschen	etwas Deutliches nicht sehen oder nicht verstehen
die erste Geige spielen wollen	etwas punktgenau formulieren
ein Brett vor dem Kopf haben	jemandem die Meinung sagen
jemandem Löcher in den Bauch fragen	sich für den Wichtigsten halten
zu allem seinen Senf dazugeben	aufgestellte Regeln nicht befolgen
den Nagel auf den Kopf treffen	jemanden sehr viel fragen
jemandem auf der Nase herumtanzen	zu allem seine Meinung sagen

60 Welche Redewendung oder welches Sprichwort ist gemeint?
Schreibe es unter die Abbildung und kreuze die richtige Bedeutung an.

____

____

- [ ] Lass uns rutschen gehen!
- [ ] Ach, lass mich doch in Ruhe!
- [ ] Ich habe solche Rückenschmerzen!

____

____

- [ ] Achtung, hier wird man belauscht!
- [ ] Die Wände sind schön angemalt.
- [ ] Hier kann man Ohrringe kaufen.

61 Welche Person wird hier mit Vergleichen beschrieben?

Um Menschen, Tiere, Dinge oder Leistungen besonders treffend zu beschreiben, kann man neben Adjektiven (Wiewörtern) auch **Vergleiche** verwenden.

Beispiele:
Julian spricht viel. Er redet **wie ein Wasserfall**.
Pedro schläft tief. Er schläft **wie ein Murmeltier**.

Ihre Haut war weiß wie Schnee, ihre Lippen rot wie Blut und ihr Haar schwarz wie Ebenholz.

Es handelt sich um: ______________________________

62 Was gehört zusammen?
Male die Felder rechts in der gleichen Farbe an wie das dazugehörige Wort links.

arm	wie ein Maulwurf
blind	wie die Made im Speck
schnell	wie der Wind
hungrig	wie eine Kirchenmaus
leben	wie ein Löwe